W9-BEL-799

Des héros du jour J

LE DÉBARQUEMENT À JUNO

Introduction de **J.L. Granatstein** Texte de **Hugh Brewster**

Texte français de **Claudine Azoulay**

Éditions Scholastic / Madison Press

Le courage des Canadiens

De nos jours, sur la plage Juno, les chiens jouent dans les vagues et les gens se font dorer au soleil. Cette partie de la côte de Normandie, en France, est très appréciée des vacanciers, mais elle reçoit aussi parfois des visiteurs d'un autre genre. Il s'agit d'hommes âgés, coiffés d'un béret ou vêtus d'un veston bleu décoré de médailles. Certains sont en fauteuil roulant, poussé par leur épouse ou par un de leurs enfants ou petits-enfants. Et ce sont toujours des Canadiens.

Ils viennent ici pour se remémorer ce qui s'est passé sur cette plage il y a soixante ans, le 6 juin 1944, appelé jour J. Ils étaient jeunes en ce temps-là; beaucoup d'entre eux n'étaient encore que des adolescents. Et pourtant, sous le feu acharné de l'ennemi, ils ont débarqué sur le rivage afin d'aider la France à se libérer de la tyrannie d'Adolf Hitler. Ce débarquement a été l'une des batailles les plus décisives de l'histoire. Si les forces alliées, formées par les États-Unis, la Grande-Bretagne et le Canada, avaient été repoussées vers la mer par les Allemands, la Seconde Guerre mondiale aurait pu être perdue. Le nombre de pertes aurait sans doute été terrible et la France, ainsi qu'une grande partie de l'Europe, seraient restées encore pendant des années sous la domination des nazis. Mais l'invasion du jour J s'est déroulée avec succès et la libération de l'Europe – et la fin de la Seconde Guerre mondiale – étaient en bonne voie.

Des affiches de guerre en couleurs (ci-dessus) servaient à remonter le moral des Canadiens durant la Seconde Guerre mondiale. (Ci-contre) L'aumônier Robert Seaborne du Canadian Scottish Regiment dirige la prière, pendant que les soldats traversent la Manche pour se rendre sur la plage Juno, le 6 juin 1944.

Ils étaient jeunes en ce temps-là; beaucoup d'entre eux n'étaient encore que des adolescents. Et pourtant, sous le feu acharné de l'ennemi, ils ont débarqué sur le rivage afin d'aider la France à se libérer de la tyrannie d'Adolf Hitler.

(À gauche) Le premier ministre britannique Winston Churchill (à gauche), le président américain Franklin Roosevelt (au centre) et le premier ministre canadien Mackenzie King (à droite) se rencontrent à Québec en août 1943 pour discuter de l'invasion de la France.

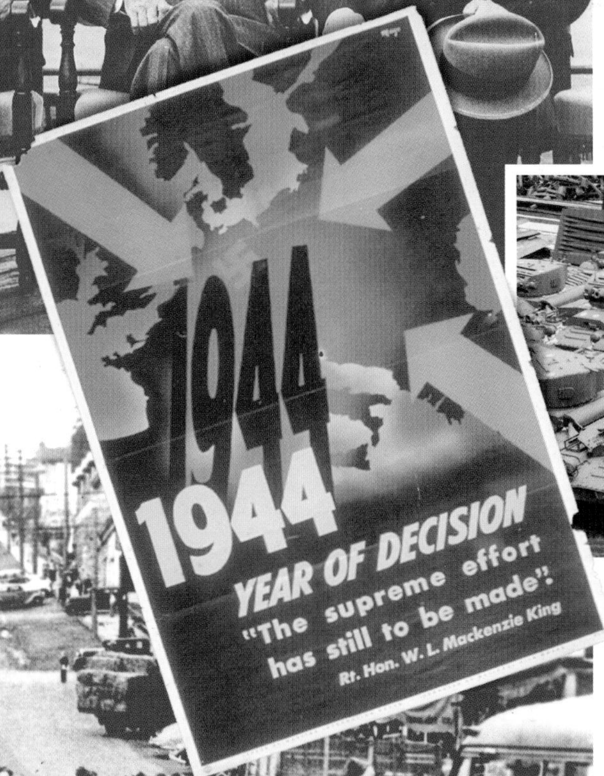

1944
1944
YEAR OF DECISION
"The supreme effort has still to be made".
Rt. Hon. W. L. Mackenzie King

(Ci-dessus) Des chars d'assaut, construits dans une usine de guerre à Montréal, attendent d'être expédiés en Europe. (À droite) Une ouvrière de seize ans, occupée à poser des rivets, salue de la main dans un chantier naval de Pictou, en Nouvelle-Écosse. Un nombre record de femmes a servi de main-d'œuvre durant la guerre. (À gauche) Un garçonnet court derrière son père, qui part pour la guerre à partir de New Westminster, en Colombie-Britannique. (En médaillon) Les grosses flèches indiquent l'Europe occupée par les nazis, sur cette affiche de guerre datant de 1944.

Au moment où l'Allemagne nazie gouvernée par Adolf Hitler avait envahi la Pologne, le 1er septembre 1939, la majorité des Canadiens s'étaient dit qu'il fallait mettre un terme à cette guerre. Les forces armées du Canada ne comptaient toutefois que 10 000 hommes et elles ne possédaient que très peu de matériel moderne : aucun char d'assaut, aucun avion et un très petit nombre de navires. Pourtant, rien que cinq années plus tard, soit au printemps 1944, la marine canadienne était sur le point de devenir la troisième plus importante au monde, et son aviation, la quatrième. Sur une population de seulement 11 millions d'habitants, 1,1 million d'hommes et de femmes avaient pris l'uniforme pour servir leur pays.

Ainsi, quand le jour du débarquement est arrivé, les Canadiens étaient fin prêts. La 3e Division canadienne constituait la force d'assaut. Ses membres provenaient de tous les coins du Canada, et ils servaient dans des régiments aux noms qui font aujourd'hui notre fierté, comme les Royal Winnipeg Rifles, le Régiment de la Chaudière et le North Shore (New Brunswick) Regiment. Ces soldats ont traversé la Manche sur des navires de la Marine royale du Canada, pendant que, dans le ciel, l'Aviation royale du Canada les couvrait au moyen de bombardiers Lancaster et de chasseurs Spitfire. À la tombée de la nuit, le 6 juin 1944, les forces canadiennes avaient pénétré plus loin à l'intérieur des terres qu'aucune autre armée alliée. Avant la fin de la campagne de Normandie, 5000 jeunes Canadiens avaient déjà payé de leur vie et 18 000 autres étaient blessés dans leur corps et dans leur esprit. Des frères d'armes? Sans aucun doute.

De nos jours, les Canadiens se souviennent à peine du débarquement de Normandie. Presque aucun Canadien – sauf peut-être ton arrière-grand-père ou ton arrière-grand-mère – ne se rappelle que le Canada a fourni un cinquième de la force d'assaut, et que sa marine et son aviation ont joué un rôle considérable pendant le débarquement, et également après. Combien de Canadiens savent même que la Seconde Guerre mondiale avait pour enjeux des notions importantes comme la liberté et la sauvegarde de la démocratie?

Il est important de ne jamais oublier ces réalités. Si le peuple canadien vit aujourd'hui dans un pays prospère, démocratique et libre, c'est parce que nos ancêtres se sont battus pour protéger leur pays – et le monde – du régime diabolique que l'Allemagne nazie et ses alliés représentaient. Peu de gens se souviennent que notre pays, alors tout petit, a joué un rôle aussi considérable en fabriquant des chars d'assaut et des camions, et en produisant du ravitaillement et des matières premières dont la victoire des Alliés dépendait. Les Canadiens de la Seconde Guerre mondiale n'étaient pas tous des héros en première ligne, mais beaucoup d'entre eux l'étaient. Ils ont tout risqué, et les 42 000 qui ne sont jamais revenus ont sacrifié leur présent pour notre avenir.

Il faut se souvenir de tous ceux qui ont combattu. Nous avons encore la possibilité de discuter avec certains des hommes et des femmes, aujourd'hui âgés, qui ont gagné la Seconde Guerre mondiale. Ils méritent qu'on les remercie pour avoir fait preuve de tant de courage et pour avoir sacrifié leur jeunesse afin de servir les intérêts les plus fondamentaux de leur patrie. Ils méritent la reconnaissance du Canada… et la tienne.

– *J.L. Granatstein*

L'EUROPE DE L'OUEST AU PRINTEMPS 1944

- Sous le contrôle des Alliés
- Pays neutre
- Sous le contrôle de l'Axe
- Frontières de l'Allemagne avant la guerre

ROYAUME-UNI

NORVÈGE

SUÈDE

Mer du Nord

IRLANDE DU NORD

DANEMARK

IRLANDE

ANGLETERRE

MUR DE L'ATLANTIQUE

Pas-de-Calais

PAYS-BAS

PRUSSE-ORIE (ALLEMAGN

Berlin

Londres

POLOGNE

PLAGES DU DÉBARQUEMENT DE NORMANDIE

La Manche

Dieppe

BELGIQUE

ALLEMAGNE

Paris

TCHÉCOSLOVAQUIE

FRANCE

SUISSE

AUTRICHE

HONGRIE

ITALIE

YOUGOSLAVIE

ESPAGNE

Rome

ALBANIE

Mer Méditerranée

GRÈC

SICILE

AFRIQUE DU NORD

L'Europe, forteresse d'Hitler

Au printemps 1944, l'Europe est encore fortement sous la domination d'Adolf Hitler. Après cinq années de guerre, cependant, la chance semble se détourner de lui. Les forces alliées, qui comptent 60 000 Canadiens, remontent avec succès la botte de l'Italie. Les troupes russes gagnent du terrain sur le front est. En Angleterre, une armée de deux millions de soldats s'entraîne en vue d'une invasion massive de la France occupée par les nazis. Hitler sait qu'une invasion alliée se prépare; il a donc construit le « Mur de l'Atlantique », une suite de fortifications qui s'étend de la Norvège jusqu'à la côte française. Les défenses les plus importantes sont situées près du Pas-de-Calais, là où le chemin est le plus court pour traverser la Manche. Hitler est certain que les Alliés envahiront la France dans ce secteur. Cependant, le commandant suprême des forces alliées, Dwight Eisenhower, et ses conseillers ont en tête un plan différent. Les plages de Normandie constituent un lieu intéressant pour débarquer des soldats. Cette partie de la côte étant moins bien défendue, les Alliés seront peut-être capables de prendre l'ennemi par surprise. Et les commandants alliés veulent, avant tout, éviter une catastrophe semblable à celle qui s'est produite environ deux années auparavant, sur la plage, devant une ville appelée Dieppe.

(Ci-dessus) Le maréchal Erwin Rommel (au centre) et des soldats allemands regardent en direction de la mer, à partir de l'un des milliers de bunkers construits le long de la côte française. Hitler avait confié à Rommel la responsabilité de repousser une invasion alliée en France. (À gauche) Ce poste d'artillerie allemand existe toujours sur la côte normande.

Tout indique que l'ennemi va lancer une offensive sur le front ouest de l'Europe, au plus tard au printemps [...].

— Adolf Hitler, novembre 1943

La leçon tragique de Dieppe

Au cours de la nuit du 19 août 1942, une force alliée composée de 6100 hommes, dont 4963 Canadiens, était accroupie dans des péniches de débarquement, au large des côtes françaises. Ils avaient pour ordre de lancer une offensive, à l'aube, sur le port de Dieppe, alors aux mains des nazis. Mais tout s'est déroulé de travers : les Allemands, qui étaient en état d'alerte, ont mitraillé les troupes à mesure qu'elles débarquaient sur le rivage. La plupart des soldats alliés n'ont même pas réussi à quitter les plages. Au total, 907 soldats canadiens ont été tués, 586, blessés et 1946 (dont un grand nombre de blessés), capturés. On a dit de ce raid qu'il a constitué « les neuf heures les plus sanglantes de l'histoire militaire canadienne ».

*Je me suis dit :
« Mon Lucien,
c'est ici que ta
vie s'arrête, dans
les eaux sales de
Dieppe. »*

— Sergent Lucien
Dumais, Les Fusiliers
Mont-Royal

TÉMOIGNAGE

C'était fini avant de commencer

Sergent Lucien Dumais,
Les Fusiliers Mont-Royal

Un des Allemands hurlait après moi, mais je ne comprenais pas ce qu'il disait. Il m'a ensuite fait signe de jeter mon fusil et de lever les mains en l'air. J'ai ôté le mouchoir de la baïonnette et j'ai lancé mon fusil sur la plage. La baïonnette s'est plantée entre les galets et le fusil s'est retrouvé droit, la crosse dirigée vers le ciel, comme quand on marque l'emplacement où un soldat est blessé ou mort [...]. Avec résignation, j'ai levé les mains en l'air [...].

(Ci-contre) Les troupes canadiennes se font bombarder, alors qu'elles prennent d'assaut la plage de Dieppe, sur cette illustration de l'artiste de guerre Charles Comfort. La plupart des chars (en haut) sont restés coincés dans les galets, qui avaient la grosseur d'une balle de baseball. Le matériel détruit et les cadavres (ci-dessus) jonchent la plage après le raid. (À droite) Les survivants canadiens sont emmenés dans un camp de prisonniers de guerre.

9

La planification de l'opération Overlord

Jamais encore, au cours de l'histoire, une opération de la nature et de l'envergure de l'opération Overlord n'a été entreprise.

— extrait du plan officiel du document de planification pour le jour J (adaptation)

Bien qu'ils aient dû en payer le prix, les Alliés ont tiré des leçons importantes du raid de Dieppe. Au moment d'envahir la France occupée par l'Allemagne, ils sont bien préparés. La planification de l'opération Overlord (tel est son nom de code) dure plus de deux ans. Logés dans un élégant manoir du sud de l'Angleterre, le général Eisenhower et ses commandants tracent l'itinéraire de la force d'invasion la plus importante de tous les temps. Cinq mille navires vont transporter 130 000 soldats et 20 000 véhicules, soutenus par 700 navires de guerre et 8000 avions. Tous ces éléments doivent se déployer le long de la côte de Normandie sur une distance de 80 kilomètres. On a choisi cinq plages en vue du débarquement. Chacune d'elles a reçu un nom de code : les plages Omaha et Utah seront prises d'assaut par les Américains, les plages Sword et Gold seront réservées aux Britanniques, et la plage Juno sera attaquée par les Canadiens.

Le J dans jour J

« Jour J » est un terme militaire employé pour désigner le jour où aura lieu une attaque planifiée. Le « J » n'a aucune signification. Il y a eu de nombreux jours J au cours de l'histoire, mais le 6 juin 1944 est le plus célèbre de tous.

(Ci-dessus) Le casque porté par les soldats canadiens le jour du débarquement est parfois appelé « casque de l'invasion ». Il est posé sur une copie du plan secret que chaque unité alliée avait en mains et qui décrivait l'endroit où elle devait débarquer, ainsi que sa mission spécifique. (À gauche) Les troupes canadiennes étaient commandées par le général H.D.G. « Harry » Crerar (debout). Son supérieur était le général Sir Bernard « Monty » Montgomery (à gauche), commandant en chef de l'invasion qui, à son tour, était sous les ordres du commandant suprême des forces alliées, le général Dwight D. « Ike » Eisenhower (à droite).

ANGLETERRE

Felixstowe
Harwich

Southwick House
(quartier général pour l'invasion)

Sheerness

Londres

Southampton

Portsmouth

MANCHE

Weymouth
Poole
Newhaven

Portland

Dartmouth

Assaut aéroporté – États-Unis

Assaut
aéroporté –
Angleterre
et Canada

Dieppe

Cherbourg

Le Havre

UTAH   OMAHA   GOLD   JUNO   SWORD

Seine

Caen

FRANCE

(À gauche) Les itinéraires
au départ de ports situés sur
la côte sud de l'Angleterre,
à destination des plages de
Normandie. (Ci-dessous)
Commandos de la Marine
royale du Canada, au cours
de leur entraînement en
vue du jour J.

Inventions et ruses

De Dieppe, les Alliés ont appris qu'il est trop difficile de s'emparer d'un port défendu par l'ennemi. Sans port cependant, comment pourraient-ils débarquer tout le matériel lourd et le ravitaillement indispensables à une invasion? La solution consiste à créer d'immenses quais flottants en béton – « Mulberry » est leur nom de code – qu'on pourra remorquer sur la Manche après les premières invasions du jour J, et couler ensuite pour créer des ports temporaires destinés au déchargement des navires.

(À gauche) Un port artificiel « Mulberry » en construction, en avril 1944. En sept mois, 25 000 ouvriers ont construit, dans le plus grand secret, 213 sections de béton massif nécessaires à la construction de deux ports. Chaque section, d'un poids de 6000 tonnes, a ensuite été remorquée jusqu'en France et posée sur des navires coulés (ci dessous), surnommés des « Gooseberries ». (En bas) On peut encore voir aujourd'hui les restes d'un port « Mulberry », au large de la ville d'Arromanches.

12

On invente aussi des chars d'assaut ingénieux, appelés « Hobart's funnies » (les « bizarreries d'Hobart », du nom de leur inventeur, le major général Percy Hobart, et à cause de leur forme étrange). Certains chars sont équipés de canons capables de faire sauter les digues et les bunkers; d'autres comportent des tambours rotatifs recouverts de chaînes, destinés à faire exploser les mines. La « bizarrerie » la plus connue est le char « Duplex Drive » (à conduite double) ou « DD ». Surnommé « Donald Duck » par les soldats, ce char est muni d'une jupe en toile étanche, ainsi que d'hélices qui lui permettent de se déplacer sur l'eau. Une fois sur la plage, sa jupe se replie et le véhicule fonctionne comme un char normal.

Certains chars sont même totalement factices. Pour éviter que les Allemands ne devinent la date et le lieu exacts de l'invasion, on met sur pied des armées fantômes constituées de chars, de jeeps et de navires entièrement faux. Vu du ciel, le matériel factice ressemble à du vrai et les avions espions ennemis pensent que des troupes se massent dans ce secteur, alors qu'elles sont en train de le faire sur la côte sud de l'Angleterre.

(Ci-dessus, à droite) Un char « DD » entre dans l'eau avec sa toile relevée et (ci-dessous) il avance sur terre avec ses côtés rabattus. (Ci-dessus, au centre) Un char Sherman Crab se sert d'un tambour rotatif muni de chaînes pour faire sauter les mines. (À gauche) Ce véhicule préparait une route pour les chars qui le suivaient. (Ci-dessus, à gauche) Faux tank fait de bois et de toile. (Ci-contre, en haut) Faux écussons d'épaule destinés à deux divisions aéroportées fantômes.

En attendant le jour J

Le pire dans toute opération, c'est l'attente. Nous voulions tous passer à l'action.

— Artisan Arthur Wildman,
Corps royal canadien des ingénieurs électriciens et mécaniciens

Quand arrive le printemps 1944, les milliers de Canadiens présents en Angleterre s'entraînent déjà depuis de nombreux mois. Les différentes armées ont participé à des exercices de grande envergure dans les péniches de débarquement et sur les plages. Les parachutistes ont effectué des centaines de sauts d'entraînement. À la fin du mois de mai, on envoie les soldats vers des camps de transit situés dans le sud de l'Angleterre. Ils s'y retrouvent totalement coupés du monde : ils ne peuvent recevoir ou envoyer ni lettre ni appel téléphonique. Le 1er juin, les premiers Canadiens commencent à s'embarquer à bord des navires qui doivent les transporter en Normandie. Le 5 juin est la date prévue pour l'invasion, mais le mauvais temps provoque des rafales de pluie sur la Manche. Le 4 juin, le général Eisenhower se réunit avec ses amiraux, ses généraux… et le météorologue. Selon les prévisions, le mauvais temps doit cesser pendant vingt-quatre heures le 6 juin et des conditions météorologiques favorables ne se représenteront pas avant plusieurs semaines. La décision finale revient à Eisenhower et le sort de milliers de vies en dépend. Aux premières heures du 5 juin, il déclare : « OK. Allons-y! »

(Ci-contre, à gauche) Des soldats des Queen's Own Rifles of Canada, en Angleterre, dans un camp d'entraînement en vue du débarquement. Après de nombreux mois d'exercices, tels que des courses d'obstacles (ci-contre, en haut à droite), les Canadiens étaient plus que prêts pour le débarquement. (Ci-contre, en bas à droite) La Reine et la princesse Elizabeth rendent visite aux parachutistes du 1er Bataillon canadien de parachutistes. (Ci-dessus) Au cours d'un exercice, les hommes du Highland Light Infantry of Canada embarquent à bord d'une des péniches de débarquement qui va les emmener en Normandie.

Le parachutage sur la France

Le saut s'est bien passé pour moi, mais ça n'a pas été le cas pour beaucoup de mes camarades, qui ont atterri dans des marais et s'y sont noyés [...].

— Soldat Roger Charbonneau, 6e Division aéroportée

Peu après minuit, le 6 juin 1944, alors que la population normande est endormie, les parachutistes du 1er Bataillon canadien de parachutistes sautent des avions dans la nuit froide et sombre. Ils sont chargés d'une tâche importante. Les 156 000 soldats, originaires du Canada, de Grande-Bretagne et des États-Unis, qui sont en train de traverser la Manche, comptent sur eux pour détruire les ponts et les batteries d'artillerie avant la grande invasion. C'est une nuit sans lune, avec des nuages et du vent. Quand les parachutistes atterrissent, ils sont dispersés sur une grande superficie. Beaucoup d'entre eux se retrouvent à plusieurs kilomètres de leur objectif. D'autres se posent avec succès dans leur zone d'atterrissage, retrouvent leurs camarades et accomplissent leur mission.

(Ci-contre, à gauche) Ces photos montrent des sauts d'entraînement effectués au cours des semaines précédant l'invasion. (Ci-contre, à droite) Des mannequins servant de leurres, appelés des « Ruperts », sont largués, en même temps que les vrais parachutistes, le 6 juin 1944. (Ci-dessus) Des membres du 1er Bataillon canadien de parachutistes sautent des avions, au cours d'exercices effectués en prévision du jour J.

TÉMOIGNAGE

Seul dans un endroit étrange

Soldat Jan de Vries, 1er Bataillon canadien de parachutistes

Tout en avançant, j'essayais de comprendre à quel moment les choses avaient mal tourné, pourquoi je me retrouvais seul dans un endroit où je ne reconnaissais rien de ce qu'on m'avait montré dans le camp de transit. Juste avant le lever du jour, j'ai rencontré trois hommes de mon peloton [...]. Nous avons poursuivi notre chemin ensemble et nous sommes finalement arrivés à notre position défensive, sur une hauteur, en fin de journée [...]. Des 120 hommes de la Compagnie C qui devaient atteindre un objectif, seulement 35 se sont posés dans la zone d'atterrissage. Les autres se sont écartés, comme moi, ou ont été capturés ou tués. Certains, qui ont réussi à échapper aux Allemands, ont erré pendant des jours [...]. Quand nous avons su quels combats s'étaient déroulés, mes trois camarades et moi avons maudit le pilote qui nous avait largués aussi loin de l'action.

17

Les yeux de l'Armée

Capitaine James B. Prendergast, 430e Escadron,
39e Escadre de reconnaissance, Aviation royale du Canada

Notre escadre a été choisie pour être les « yeux » de la 2e Armée britannique. Durant la nuit, on avait peint des lignes noires et blanches sur nos avions pour éviter de les confondre avec les avions allemands, dont beaucoup avaient la même forme [...]. Quand nous avons survolé la Manche à l'aube du 6 juin, nous avons été bouleversés de voir la flotte de navires et de véhicules de débarquement qui était en route vers la Normandie. C'était un spectacle incroyable! Le général Montgomery nous avait donné des instructions précises : nous devions rendre compte sur-le-champ de la situation relative au contrôle du pont Pegasus. Les armées britannique et canadienne, qui étaient arrivées en planeur et en parachute, devaient prendre le pont aux Allemands. À 7 h 30, des combats d'artillerie opposaient encore les Allemands et nos troupes aux abords du pont. En volant à environ 60 m d'altitude, je pouvais reconnaître les troupes par leurs casques et constater que notre équipe prenait le contrôle du pont, alors que les Allemands battaient peu à peu en retraite [...].

Les aviateurs

En avril et en mai 1944, l'Aviation royale du Canada a bombardé des routes, ponts, voies ferrées et postes de commande situés en Normandie et aussi dans la région du Pas-de-Calais, pour faire croire que ce secteur était celui prévu pour l'invasion. Durant les premiers jours de juin, les bombardiers Lancaster de l'ARC ont largué des milliers de tonnes d'explosifs au-dessus des bunkers de béton et des postes d'artillerie du Mur de l'Atlantique d'Hitler. Le 6 juin, dans un ciel nuageux, les pilotes des chasseurs canadiens mènent contre la *Luftwaffe* (aviation allemande), des combats aériens destinés à protéger les soldats présents sur la plage.

Le jour du débarquement, James Prendergast (ci-dessus) a effectué trois vols au-dessus de la Normandie, à bord de son appareil P-51 Mustang, baptisé *Lazy Lady*. Au cours d'une de ces missions, il a repéré une division blindée allemande, dont les Alliés ignoraient l'existence.

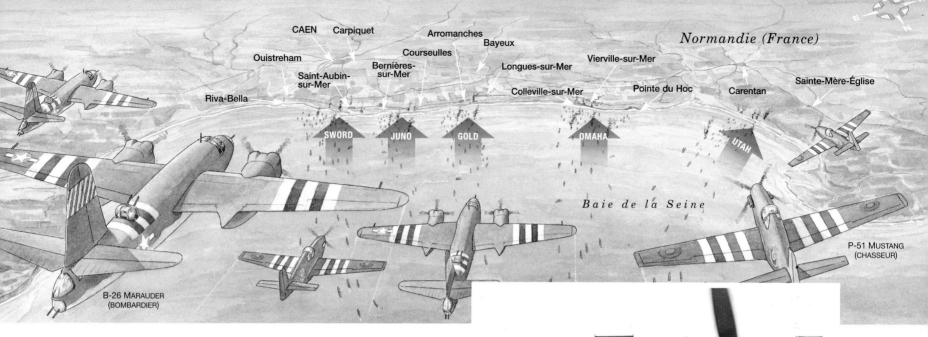

Normandie (France)

CAEN Carpiquet Arromanches Bayeux
Ouistreham Courseulles Vierville-sur-Mer
Saint-Aubin-sur-Mer Bernières-sur-Mer Longues-sur-Mer Sainte-Mère-Église
Riva-Bella Colleville-sur-Mer Pointe du Hoc Carentan

SWORD JUNO GOLD OMAHA UTAH

Baie de la Seine

B-26 MARAUDER
(BOMBARDIER)

P-51 MUSTANG
(CHASSEUR)

(Ci-dessus) Des centaines d'aviateurs canadiens ont fait partie des 171 escadrons alliés qui ont mené des attaques au cours du jour J. Durant le combat en Normandie, l'ARC a bombardé et mitraillé les divisions allemandes. (À droite) Un pilote canadien monte dans son chasseur bombardier Hawker Typhoon. Surnommé le « Tiffy », le Typhoon transportait, sous ses ailes, huit roquettes, une arme clé pour la destruction des chars allemands. (En bas, à droite) Deux armuriers de l'ARC chargent des munitions destinées aux canons de petit calibre du Typhoon. (Ci-dessous) Des lunettes de vol teintées amélioraient la vision du pilote durant les vols de nuit.

La plus grande armada

[...] la plus grande armada de tous les temps. En comparaison, les Espagnols avaient envoyé contre l'Angleterre une flottille de pêche insignifiante.

— Cliff Bowering, soldat et écrivain

(Ci-dessous) À la tombée de la nuit, le 5 juin, des milliers de navires se préparent à faire la traversée jusqu'en Normandie. Les barrages de ballons installés dans les airs les protégeaient des avions ennemis. (En médaillon) Ce drapeau en loques a été récupéré sur une péniche de débarquement canadienne, coulée au large de la plage Juno.

Le 6 juin, avant l'aube, la force d'invasion la plus puissante de tous les temps quitte les côtes anglaises, dans la noirceur et le froid. Une armada de 5000 bateaux, transportant 130 000 hommes, est escortée par 700 navires de guerre, dont six énormes cuirassés. Seize dragueurs de mines canadiens nettoient le passage, tandis que 126 navires et 10 000 marins de la Marine royale du Canada mènent les forces canadiennes vers le champ de bataille.

(À droite) À bord d'un navire de transport de troupes, l'adjudant D.D. Perkins d'Ottawa écrit une lettre à sa famille. D'autres soldats (en médaillon) jouent aux cartes pour passer le temps. (Ci-dessus) Entassées dans une péniche de débarquement, les troupes canadiennes se dirigent vers la plage Juno.

TÉMOIGNAGE

Soldat de première classe William Bleackley, 1er Bataillon, Canadian Scottish Regiment

Dans mon cas, j'ai ressenti davantage d'émotion pendant que j'approchais de la plage qu'une fois débarqué [...] est-ce que j'allais m'en sortir, retrouver une vie normale, ou finir mes jours là?

TÉMOIGNAGE

George Lynch-Staunton, 14e Régiment de campagne, Artillerie royale canadienne

La majorité d'entre nous se trouvait sous les ponts. Et, en dehors des repas, comme il n'y avait pas grand-chose d'autre à faire, mis à part regarder nos plans, nous jouions presque tous aux cartes : au poker, au bridge ou à d'autres jeux.

« Cette fois, on ne fait plus semblant. » Cliff Bowering, soldat et écrivain

Nous sommes dans l'eau. Dans les déferlantes. Nous essayons de nous rappeler comment marcher dans l'eau tout en gardant notre fusil en l'air et au sec. Mètre par mètre, nous avançons. Il y a de la fumée au-dessus de nous et du bruit […] nous n'avions encore jamais entendu un tel vacarme, même pas lors du bombardement de Londres. Quelle différence entre ça et le camp d'entraînement. Cette fois, on ne fait plus semblant.

L'assaut sur la plage Juno

On nous a dit de ne pas nous arrêter et de ne pas aider nos copains pour ne pas risquer d'être touchés, nous aussi.

— Wilfred Bennett, Royal Winnipeg Rifles

Pendant que les soldats se dirigent vers la plage dans leurs péniches de débarquement, ils sont entourés par les explosions et les tirs d'artillerie. Derrière eux, des centaines de navires tirent des obus en direction des canons allemands postés le long du rivage. Au-dessus d'eux, les pilotes des chasseurs larguent des bombes et tirent sur des cibles. La mer est agitée et de nombreux soldats ont le mal de mer, alors que leur péniche roule et tangue sur des vagues de deux mètres de hauteur. Quand les soldats arrivent sur la plage, les mines sous-marines font exploser les véhicules de débarquement tout autour d'eux, et beaucoup d'hommes sont projetés dans l'eau froide. Trempés et frissonnants, ils abordent la plage en rampant sous le feu ennemi.

(En haut, à gauche) Une péniche de débarquement de la Marine royale du Canada se dirige vers la plage. (En haut, à droite) Des soldats canadiens se préparent à débarquer de leur péniche. (Ci-dessus) Le lendemain, les Canadiens apprennent par les journaux la nouvelle du débarquement. (Ci-contre) Des soldats canadiens débarquent sur la plage Juno, sur cette peinture réalisée par l'artiste de guerre Orville Fisher.

« Nous sommes sur la plage et nous y resterons. »

Beaucoup de Canadiens qui font partie de la première vague de débarquement sur la plage Juno font face à un tir d'artillerie intense, mais de tous les régiments, les Queen's Own Rifles of Toronto sont ceux qui encaissent le plus. Les chars qui sont supposés débarquer devant eux ont du retard et les mitrailleurs

« J'ai été le onzième à sortir. »

Caporal Rolph Jackson, Queen's Own Rifles of Canada

Nous étions assez proches de la plage. L'eau nous arrivait à peine aux hanches. Légèrement à notre droite se trouvait une casemate [un poste d'artillerie] allemande tenue par des soldats. Il y avait une trentaine d'hommes sur notre péniche de débarquement. J'ai été le onzième à débarquer. Huit des onze premiers ont été tués et deux autres, blessés. J'ai été touché à la main. J'ai dû être pris au dépourvu car je me suis retrouvé par terre. Le devant de mon pantalon et ma veste de combat étaient en lambeaux. Un peu plus loin sur la plage, je me suis battu avec un lanceur de grenade. Le « presse-purée » [une grenade allemande] a atterri devant moi. J'ai été projeté à terre et j'en ai reçu un fragment dans l'épaule. Je me suis relevé et j'ai lancé une grenade par-dessus la digue. L'engin a explosé avant d'atteindre le sol. Par chance, il y avait déjà une grande brèche dans la digue et nous nous y sommes engagés.

(Ci-dessus) Rolph Jackson, et (à droite) un écusson d'épaule et un insigne de béret des Queen's Own Rifles of Canada.

Nous avons la force et les appuis. Nous sommes sur la plage et nous y resterons. Nous avons débarqué en France. Nous sommes en route!

— Cliff Bowering

allemands fauchent les soldats qui courent en direction de la digue. Cent quarante-trois hommes de l'unité meurent sur la plage. Dès l'après-midi du jour J, cependant, la plupart des défenses allemandes sont écrasées et les forces canadiennes pénètrent dans certaines municipalités côtières. Les routes partant de la plage Juno sont encombrées de chars et de soldats, et jonchées de débris de guerre.

(Ci-contre et à droite) Des soldats des Stormont, Dundas and Glengarry Highlanders, transportant des bicyclettes, comme celle qui est illustrée à gauche, débarquent pendant la deuxième vague d'assaut. Les bicyclettes étant difficiles à manœuvrer, on les abandonne rapidement.

La fin du jour le plus long

Ça a été et ça restera le jour le plus long.

— Fusilier Jim Williams, Queen's Own Rifles of Canada

« Durant la première nuit, se souvient le soldat Angus Kearns, du 1er Bataillon, Canadian Scottish Regiment, nous avons commencé à enterrer nos morts. Quand on commence à enterrer ses copains, on se demande à quoi ça sert de continuer. Et pourtant, on l'a fait. »
Avant la fin du jour J, 340 Canadiens ont sacrifié leur vie, 574 ont été blessés et 47, faits prisonniers. Un escadron de Canadiens, qui faisait partie des Ontario's 1st Hussars, a pénétré plus loin à l'intérieur des terres que toute autre unité alliée. Au total, pendant le jour J, les Alliés ont parachuté 23 000 hommes et en ont débarqué 130 000 autres, ainsi que plusieurs milliers de véhicules et des tonnes de ravitaillement. Le Mur de l'Atlantique d'Hitler a été percé… mais la bataille ne faisait que commencer.

(Ci-contre, en haut à gauche) Des médecins militaires soignent un soldat blessé au cours de la première vague d'assaut. Pour faire des bandages, ils se sont sans doute servis d'un sac en toile, comme celui qui est illustré à droite. (Ci-contre, en bas) Des soldats blessés sont étendus près de la digue, à Bernières-sur-Mer. (À gauche) Plus tard, dans la journée du 6 juin, des prisonniers allemands attendent d'être embarqués pour l'Angleterre. (Ci-dessus) Le lieutenant William McCormick (au centre) et ses soldats appartenant au 1st Hussars sont ceux qui ont pénétré le plus loin à l'intérieur des terres, au cours du jour J.

J'étais là pour prendre des photos, mais dans une photo, on ne peut pas reproduire une odeur [...] l'odeur épouvantable de la mort. C'est à ce moment-là qu'on se rend compte que la guerre, ce n'est pas un jeu [...] ce n'est pas drôle. — Capitaine Ken Bell, photographe des forces canadiennes

« Je suis Canadien. »

Les habitants des municipalités situées près de la plage Juno sont très heureux d'être libérés.

« C'est ma maison là-bas, en ruines, dit une jeune fille française. Mais les Alliés sont arrivés! » En voyant les hommes en kaki sur la plage, un villageois de Courseulles-sur-Mer dit à l'un d'eux, en anglais : « *Here they are, the Tommies* [Voilà les soldats anglais]! » Le jeune homme lui répond en français : « Je suis Canadien. » Les hommes du Régiment de la Chaudière, surnommés les « Chauds », reçoivent un accueil particulièrement chaleureux. Plusieurs siècles auparavant, certains de leurs ancêtres étaient partis de Normandie pour se rendre au Canada. En entendant l'accent d'un Chaud, un villageois français embrasse le soldat sur les deux joues et lui dit : « Vous n'êtes pas Canadien, vous êtes Français comme moi! »

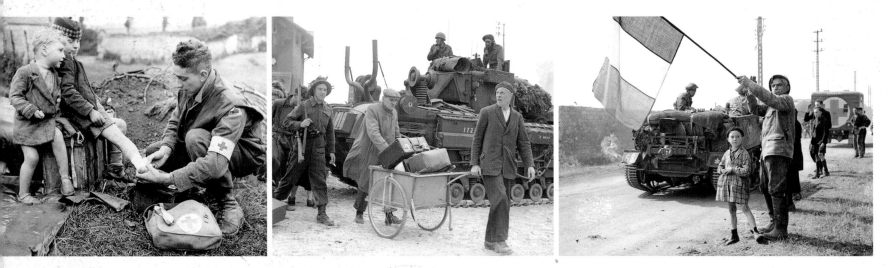

(À gauche) Un médecin militaire canadien soigne la jambe brûlée d'un jeune Français, sous le regard du frère de celui-ci. (Au centre) Des habitants de Bernières-sur-Mer transportent les biens qu'ils ont récupérés de leur maison détruite. (À droite) Un vétéran de la Première Guerre mondiale accueille les libérateurs avec un drapeau français. (Ci-contre) Deux enfants normands jouent au soldat avec un casque, semblable à celui qui est illustré ci-dessus, et une vieille casquette d'officier canadien.

L'avancée à l'intérieur des terres

D ans les jours qui suivent le débarquement, l'objectif des Canadiens est de s'emparer de la ville de Caen. Aux abords de la ville, toutefois, les Allemands les attendent de pied ferme. Près du village d'Authie, les soldats des régiments North Nova Scotia Highlanders et des Fusiliers de Sherbrooke se heurtent à la 12e Division panzer SS, une unité d'élite. Sous le commandement d'un vétéran aguerri, le *Brigadeführer* (colonel) Kurt Meyer, les adolescents de la 12e SS sont farouchement loyaux à Hitler.

Ils combattent violemment et les énormes canons de leurs chars embrasent de nombreux chars canadiens, obligeant les soldats à battre en retraite. Meyer donne l'ordre d'exécuter vingt-trois Canadiens capturés, puis de jeter certains des corps sur la route. D'autres régiments canadiens ne tardent pas à arriver sur le champ de bataille et ils repoussent petit à petit les Allemands. Au bout de six jours de combat, plus de 1000 Canadiens sont morts et près de 2000, blessés… et Caen est toujours aux mains des Allemands.

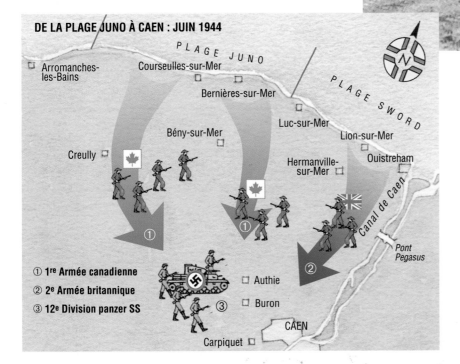

DE LA PLAGE JUNO À CAEN : JUIN 1944

PLAGE JUNO

PLAGE SWORD

Arromanches-les-Bains
Courseulles-sur-Mer
Bernières-sur-Mer
Luc-sur-Mer
Lion-sur-Mer
Bény-sur-Mer
Creully
Hermanville-sur-Mer
Ouistreham
Canal de Caen
Pont Pegasus
Authie
Buron
CAEN
Carpiquet

① 1ʳᵉ Armée canadienne
② 2ᵉ Armée britannique
③ 12ᵉ Division panzer SS

(Ci-contre) Sur la route de Caen, les fantassins marchent pendant que les chars les dépassent avec fracas. La nuit, ils se reposaient dans des tranchées (en médaillon, en bas) et ils cherchaient parfois de la viande (en médaillon, en haut) pour améliorer leur ration de nourriture en conserve. Les tanks Sherman canadiens (ci-dessus) ne faisaient pas le poids devant la supériorité des chars de la 12ᵉ Division panzer SS. Au total, les soldats de la 12ᵉ SS, commandés par Kurt Meyer (à droite), ont été responsables de la mort de 156 Canadiens capturés en Normandie. Meyer a été jugé pour crimes de guerre en 1945 et il a fait onze ans de prison.

On a trouvé beaucoup d'adolescents [allemands] de quinze ou seize ans […] l'un d'eux m'a craché au visage […]. J'aurais pu facilement le tuer avec mon pistolet .38, pour l'exemple, mais je ne l'ai pas fait. Il était jeune; on lui avait lavé le cerveau. Aujourd'hui, je suis fier de ne pas l'avoir fait. J'espère qu'il vit encore.

— Major Michel Gauvin, Le Régiment de la Chaudière

« Quel genre de guerre c'était donc? »

Même si la plupart des Canadiens qui combattent en Normandie ont moins de vingt ans, les soldats allemands sont encore plus jeunes qu'eux. Les troupes allemandes sont tellement éparpillées dans toute l'Europe et les renforts tellement limités, que l'Allemagne envoie au front des soldats âgés de quinze ans seulement. On leur a enseigné les idéaux nazis dans l'organisation appelée les jeunesses hitlériennes, et ils sont en colère et pleins d'arrogance quand ils se font capturer. Leurs camarades qui poursuivent la bataille opposent aux Canadiens une résistance farouche pour la prise de Caen. Durant tout le mois de juin et jusqu'en juillet, le combat se poursuit, d'autres Canadiens meurent et Caen reste malgré tout aux mains des Allemands.

(Ci-contre) La pression due à la bataille se lit sur le visage du soldat Harry Parker du Highland Light Infantry. (Ci-dessus) Un adolescent de la 12e SS, à l'air renfrogné et arrogant, est fait prisonnier. D'autres jeunes soldats allemands (ci-dessous) attendent d'être interrogés. (À droite) William K. Newell dans son uniforme de commando naval.

« Il n'avait pas plus de quinze ans… »

William K. Newell, Commando « W »
de la Marine royale

Quelques jours après le débarquement […] il y avait un va-et-vient incessant de véhicules sur la plage pour ramasser les blessés et les prisonniers de guerre, et les embarquer à bord de navires qui devaient les transporter en Angleterre […]. Un des blessés s'est levé, il a refusé qu'on l'aide, et j'ai remarqué qu'il portait un uniforme allemand et qu'il lui manquait le bras gauche, juste sous l'épaule. Un bandage de fortune sale et plein de sang recouvrait sa blessure. Il a sauté du véhicule et est tombé devant moi. Je me suis baissé pour l'aider, mais il m'a repoussé et s'est relevé tout seul. C'était un soldat blond, très jeune, qui n'avait pas plus de quinze ans (j'en avais dix-huit). Il se tenait très proche de moi et me fixait dans les yeux. Puis il m'a craché au visage, il a tourné les talons et a monté la rampe du bateau. En un éclair, mes sentiments se sont transformés. La sympathie que j'éprouvais pour lui est devenue un sentiment que je ne pouvais pas nommer et mon premier réflexe a été de lui tirer dessus. Mais j'ai baissé mon arme et je suis resté là à secouer la tête […]. Quel genre de guerre c'était donc?

Les soins aux blessés

La présence d'une femme semblait être utile.

— Jean Ellis, infirmière de la Croix-Rouge canadienne

Tant de soldats ont été blessés lors de la bataille de Caen qu'il y a un énorme besoin d'infirmières. En juillet, les premières infirmières canadiennes arrivent, prêtes à se mettre au travail et à vivre dans les tentes des hôpitaux de campagne. « On m'a assigné une rangée de vingt-cinq lits, se souvient Jean Ellis. Il fallait découper des morceaux d'uniforme et j'avais tellement peur de faire mal aux soldats [...] je tremblais comme une feuille. Beaucoup de patients déliraient et appelaient leur mère sans arrêt. »

La reine de la pénicilline

Nora Cook, infirmière chef, Hôpital général canadien n° 10

Il y avait de la boue partout […] et pas d'eau pour laver les draps […]. Les docteurs travaillaient 24 heures sur 24, et nous aussi […]. Le plus triste, c'était de voir tous ces jeunes gens sans bras ou jambes […]. Il y avait des infections de toutes sortes […]. On venait de découvrir la pénicilline […] et elle n'était pas encore disponible au Canada […]. J'allais d'un lit à l'autre et je donnais des injections de pénicilline à tout le monde. C'est comme ça qu'on m'a surnommée la reine de la pénicilline.

(Ci-contre) Des infirmières de l'Hôpital général canadien n° 10, Corps médical militaire royal du Canada, débarquent à Arromanches, le 23 juillet 1944. (À droite) Une jeep utilisée comme ambulance traverse à toute allure une municipalité normande. Bien que les infirmières aient fait de longues heures de travail ardu dans les hôpitaux de campagne, l'armée préférait publier des photos d'infirmières occupées à des tâches plus « féminines », comme celle d'examiner le plâtre d'un soldat (en médaillon, en haut) ou de plier des bandages (en médaillon, en bas).

« Un tas de ruines effroyable. »

L e général Montgomery et les commandants des forces alliées ont pris la décision de s'emparer de Caen, à n'importe quel prix. La nuit du 7 juillet, des vagues de bombardiers britanniques larguent des tonnes d'explosifs. Pourtant, lorsqu'ils entrent dans la ville en ruine, les Canadiens découvrent que presque tous les Allemands se sont enfuis à la périphérie de la ville. Les bombardements ont plutôt tué des centaines d'habitants de Caen et en ont blessé des milliers d'autres.

(À droite) Des Canadiens arrivent sur l'aérodrome fortement bombardé de Carpiquet, à la périphérie de Caen, sur cette peinture d'Orville Fisher. (À gauche) Dans une église en ruine de Carpiquet, un soldat s'arrête quelques instants devant une statue de la Vierge Marie. (Ci-dessus, à gauche) De gros bombardiers britanniques pilonnent Caen, le 7 juillet 1944. (Ci-dessus, à droite) Des canons de l'artillerie canadienne bombardent la ville, en prévision de l'attaque des fantassins.

Quand nous sommes entrés dans Caen, la ville tout entière était un tas de ruines effroyable. C'est comme si on l'avait soulevée à bras-le-corps très haut dans les airs, qu'on l'avait retournée, puis qu'on l'avait laissée retomber.

— Capitaine Donald Pearce, North Nova Scotia Highlanders

(À gauche) Des soldats canadiens marchent avec précaution dans les rues de Caen jonchées de décombres, à la recherche des mines qu'ont laissées les Allemands avant de battre en retraite. (Ci-dessous) Des camions alliés entrent dans la ville. Plus de quatre-vingt pour cent de la ville de Caen ont été détruits au cours du combat nécessaire pour prendre son contrôle.

Gagné dans le sang

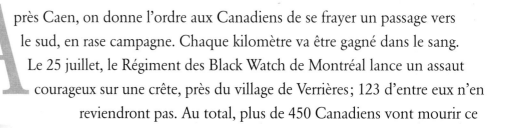

Toute la journée et toute la nuit, les canons ouvrent le passage aux combattants. Des millions d'obus qui vont aider à remporter la bataille de Normandie, une lutte au corps à corps, sanglante et féroce [...]. — Matthew Halton, dans un reportage pour CBC Radio

près Caen, on donne l'ordre aux Canadiens de se frayer un passage vers le sud, en rase campagne. Chaque kilomètre va être gagné dans le sang. Le 25 juillet, le Régiment des Black Watch de Montréal lance un assaut courageux sur une crête, près du village de Verrières; 123 d'entre eux n'en reviendront pas. Au total, plus de 450 Canadiens vont mourir ce

jour-là. Après Dieppe, c'est la deuxième journée la plus meurtrière de la guerre pour le Canada. Pendant que l'élite de l'armée allemande se bat contre les Canadiens et les Britanniques près de Caen, les forces américaines réussissent à enfoncer les défenses ennemies à l'ouest. Les Allemands sont maintenant en mauvaise posture. Ils devraient battre en retraite et se regrouper derrière la Seine, mais Hitler ne veut pas entendre parler de retraite. Les Alliés vont bientôt saisir leur chance. Ils prennent les Allemands au piège et parviennent à les vaincre aux abords d'une ville appelée Falaise.

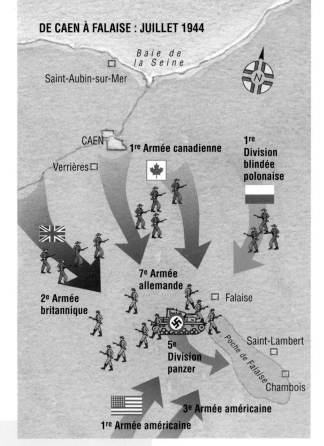

DE CAEN À FALAISE : JUILLET 1944

Baie de la Seine

Saint-Aubin-sur-Mer

CAEN

Verrières

1re Armée canadienne

1re Division blindée polonaise

2e Armée britannique

7e Armée allemande

Falaise

5e Division panzer

Poche de Falaise

Saint-Lambert

Chambois

3e Armée américaine

1re Armée américaine

Au sud de Caen, il y a eu de nombreuses pertes parmi les Canadiens. Le 25 juillet, le Régiment des Black Watch de Montréal (insigne illustré ci-contre, en haut) a perdu 123 hommes. (Ci-dessous) L'aumônier Robert Seaborne prie pour un soldat mourant. (Ci-contre, à gauche) Deux Canadiens se relaient pour tirer par une meurtrière percée dans le mur d'une ancienne caserne française. (Ci-contre, en bas à droite) Des chars canadiens et britanniques se dirigent vers le sud, en direction de Falaise.

TÉMOIGNAGE

« Nous l'avons enterré dans un verger. »

Sergent M. Brimble

Chers monsieur et madame Duncan, C'est avec le plus profond des regrets que je vous écris une lettre de cette nature [...]. Votre fils était mon commandant de peloton [...] il a eu un accident qui lui a été fatal [...]. Je peux dire avec beaucoup de fierté que tous les membres de notre groupe et moi-même ne l'oublieront jamais [...]. Nous l'avons enterré dans un verger [...] dans une tombe aussi convenable que possible dans de telles circonstances [...]. Les membres du peloton se joignent à moi pour vous présenter nos plus sincères condoléances. Cordialement, M. Brimble

Sur la route de Falaise

Selon le plan des Alliés, les forces canadiennes, britanniques et polonaises doivent avancer sur Falaise, à partir de Caen, et rejoindre les Américains qui arrivent par le sud. Cependant, la résistance de l'ennemi sur la route de Falaise est farouche, et rend la bataille longue et horrible. Au début d'août, alors que les Alliés les encerclent, certaines troupes d'Hitler réussissent à leur échapper par un petit secteur appelé la poche de Falaise. Il revient alors aux Canadiens de refermer la percée. Le 18 août, la dernière route dégagée traverse le village de Saint-Lambert-sur-Dives. À cet endroit, un petit groupe de soldats du South Alberta Regiment et des Argyll and Sutherland Highlanders, commandés par le major David Currie, triomphent d'une énorme force allemande. Ils détruisent 7 chars ennemis et 40 véhicules, et capturent 2100 soldats allemands. Ceci constitue l'épisode final héroïque d'une campagne brutale et sanglante. Le bilan du côté allemand est terrible : plus de 10 000 soldats tués, 60 000 blessés et 40 000 faits prisonniers. Une fois la poche de Falaise refermée, cependant, les Alliés ont enfin vaincu les Allemands en Normandie.

Nous avons pénétré la poche de Falaise, à Chambois […] et nous avons vu un véritable carnage […].

— Sergent-major britannique Laurence Symes, combattant aux côtés des Canadiens

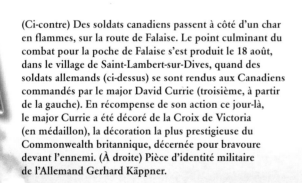

« Nous avons tout simplement rebroussé chemin. »

Gerhard R. Käppner, parachutiste allemand

Nous ne pouvions pas prendre de matériel […] nous avons tout simplement rebroussé chemin avec nos armes légères […]. Si nous n'étions pas attaqués, nous restions là sans faire de bruit et nous nous déplacions la nuit […]. Nous sommes arrivés jusqu'en Belgique […] par surprise, nous avons été pris dans un tir de mortier […] j'ai reçu quelque chose sur la tête et sur le visage, et la guerre s'est finie là pour moi.

(Ci-contre) Des soldats canadiens passent à côté d'un char en flammes, sur la route de Falaise. Le point culminant du combat pour la poche de Falaise s'est produit le 18 août, dans le village de Saint-Lambert-sur-Dives, quand des soldats allemands (ci-dessus) se sont rendus aux Canadiens commandés par le major David Currie (troisième, à partir de la gauche). En récompense de son action ce jour-là, le major Currie a été décoré de la Croix de Victoria (en médaillon), la décoration la plus prestigieuse du Commonwealth britannique, décernée pour bravoure devant l'ennemi. (À droite) Pièce d'identité militaire de l'Allemand Gerhard Käppner.

La victoire

Des pianos étaient alignés le long des rues; dans certains quartiers, il y en avait jusqu'à cinquante. Ils jouaient tous la même musique entraînante pour faire danser les gens.

— Capitaine Donald Pearce, North Nova Scotia Highlanders, à Londres, Angleterre, le jour de la victoire

L'action des Canadiens à Falaise va contribuer à la libération de Paris le 25 août 1944. Une date encore plus significative pour les Canadiens, c'est le 3 septembre, lorsque des soldats appartenant aux régiments qui ont combattu lors du raid de Dieppe défilent dans un Dieppe libéré, afin de rendre hommage à leurs camarades qui y sont morts. Les Canadiens participent ensuite à la libération des Pays-Bas en avril 1945. Le 1er mai, Hitler se suicide. La guerre prend fin le 7 mai 1945, lorsque l'Allemagne capitule. Le lendemain, le 8 mai, est déclaré jour de la victoire.

D'immenses fêtes sont organisées dans toute l'Europe, au Canada et aux États-Unis.

Les femmes et les hommes canadiens qui ont passé plusieurs années loin de leur famille peuvent enfin rentrer chez eux.

(À gauche) La première page de l'*Evening Telegram*, un journal torontois, annonçait la capitulation de l'Allemagne le 7 mai 1945. Le lendemain, on célébrait la victoire dans les rues de Toronto (ci-dessus) et dans de nombreuses autres villes.

Ils sont heureux que la guerre soit finie, mais certains d'entre eux sont inquiets en pensant à leur retour à la vie normale. L'expérience de la guerre les a changés. Ils ont assisté à des horreurs indescriptibles et ont vu de nombreux amis mourir. Voudront-ils retourner à la vie qu'ils avaient avant? Quels changements se sont produits durant leur absence?

(À droite) Des soldats canadiens, de retour au pays, s'entassent sur les ponts de leur bateau militaire, qui entre dans le port d'Halifax. (Ci-dessous) Le 3 septembre 1944, les soldats de la 2e Division canadienne défilent dans la ville de Dieppe libérée et se rendent à un modeste cimetière que les habitants de la ville ont créé pour les Canadiens morts deux ans plus tôt.

TÉMOIGNAGE
De retour au Canada
Jean Ellis, infirmière,
Croix-Rouge canadienne

Nous nous rapprochions de plus en plus [...]. Chacun tendait le cou pour apercevoir Halifax. Des larmes coulaient sur beaucoup de joues [...]. Soudain, les bateaux-pompes du port d'Halifax ont surgi; ils envoyaient d'immenses jets d'eau pour accueillir les milliers de femmes et d'hommes canadiens qui avaient risqué leur vie et leur avenir pour la sécurité de leur pays. Sur le quai, la fanfare s'est mise à jouer, et le « Ô Canada » a sonné plus doux que jamais à nos oreilles.

Notre plus beau jour

Revenir ici, visiter le cimetière, on ne peut pas s'empêcher de pleurer.

— Frank Ryan, North Shore (New Brunswick) Regiment

Chaque année, le 6 juin, d'anciens combattants canadiens retournent sur la plage Juno. D'une année à l'autre, ils sont de moins en moins nombreux. Il ne restera bientôt plus que des tombes et des monuments commémoratifs pour se souvenir des hommes qui ont risqué et sacrifié leur vie, lors de la plus grande invasion de tous les temps. Dans le but de préserver, pour les générations futures, l'histoire de ces hommes courageux, des Canadiens issus des quatre coins du pays ont contribué financièrement à la construction du Centre de la plage Juno, dans la municipalité de Courseulles-sur-Mer. Ce musée a été inauguré en juin 2003. Plus près de chez nous, certains vétérans du débarquement, âgés pour la plupart de plus de 80 ans, visitent régulièrement les écoles. Ils racontent aux élèves ce qui s'est passé ce jour-là, leur parlent des amis qu'ils y ont perdus et leur expliquent pour quelles raisons tous les Canadiens, jeunes et vieux, devraient s'en souvenir.

(Ci-contre) Des fleurs poussent au milieu des tombes, au cimetière militaire canadien de Bény-sur-Mer, et rappellent les coquelicots (ci-dessus) que les Canadiens portent le Jour du Souvenir. Le Canada a perdu 9900 soldats en Normandie, le sacrifice le plus élevé par personne de tous les pays alliés. (À droite) Le vétéran Jan de Vries (voir page 17) fait un salut, lors d'une cérémonie qui s'est tenue le 6 juin 2003, en l'honneur des parachutistes du jour J.

GLOSSAIRE

Alliés : les pays – dont le Canada, les États-Unis, la Grande-Bretagne et l'Union Soviétique – qui ont combattu l'Allemagne et ses partenaires durant la Seconde Guerre mondiale.

armada : grand rassemblement de navires de guerre.

armuriers : soldats responsables de l'entretien des fusils et des autres armes de petite taille.

artillerie : armes telles que les gros fusils et les canons.

Axe : les pays – dont l'Allemagne, l'Italie et le Japon – qui ont combattu les **Alliés** durant la Seconde Guerre mondiale.

baïonnette : lame d'acier tranchante, fixée à l'extrémité d'un fusil.

barrages de ballons : petits ballons dirigeables ancrés dans le sol ou fixés à des bateaux à l'aide de câbles, qui empêchent

les avions ennemis volant à basse altitude de passer.

bunker : structure de béton, souvent enterrée dans le sol, qui sert d'abri contre les attaques.

calibre : dimension de la munition chargée dans une arme à feu. En général, le calibre est déterminé soit par le diamètre de la balle soit par celle du canon de l'arme.

déferlantes : vagues qui se brisent en écume, surtout lorsqu'elles frappent le rivage.

digue : mur construit pour éviter qu'une plage soit emportée par la mer.

dragueur de mines : navire qui fait sauter les mines flottantes ou sous-marines.

fantassins : soldats à pied.

flottille : petit groupe de bateaux ou de navires.

jeunesses hitlériennes : organisation gouvernementale qui enseignait aux enfants allemands les idéaux **nazis**. Les garçons recevaient une formation de soldat et les filles se préparaient au rôle de mère.

nazi : membre du parti politique dirigé par Adolf Hitler. La croyance fondamentale des nazis était que le peuple allemand était supérieur aux membres des autres races et cultures.

obus : engins explosifs cylindriques tirés par l'**artillerie**.

panzer : mot allemand pour blindé. Les tanks allemands de la Seconde Guerre mondiale s'appelaient des panzers et les unités blindées s'appelaient des divisions panzers.

pénicilline : médicament qui empêche le développement de certains microbes qui causent des maladies.

pertes : soldats qui sont tués, blessés ou capturés au cours d'une bataille.

poste d'artillerie : position défensive à partir de laquelle on fait feu.

reconnaissance : étude militaire du territoire ennemi.

régiment : unité de l'armée, en général commandée par un colonel, qui se compose de plus petits groupes appelés des compagnies, des escadrons ou des batteries.

renforts : soldats et matériel envoyés pour renforcer une armée.

SS : les *Schutzstaffel*. Groupe d'élite du parti **nazi** qui assurait la protection d'Adolf Hitler, combattait dans les unités de **fantassins** et les unités blindées, et servait de forces de sécurité dans les pays sous contrôle allemand.

Tommies : surnom donné aux soldats britanniques.

INDEX

CRÉDITS PHOTOS

Toutes les cartes sont de Jack McMaster.

ANC – Archives nationales du Canada
BUM – Collection d'affiches de guerre canadiennes,
Division des livres rares et collections spéciales,
Bibliothèques de l'Université McGill
C/M – CORBIS/Magmaphoto.com
IWM – Imperial War Museum
MCG – Musée canadien de la guerre
NARA – National Archives and Records Administration
QORC – Musée régimentaire Queen's Own Rifles of
Canada
WKN – Gracieuseté de William K. Newell

Couverture : WKN. (En médaillon, en haut) BUM.
(En médaillon, en bas à gauche) ANC PA-122765.
(En médaillon, en bas à droite) QORC.
Quatrième de couverture : (De haut en bas) Gracieuseté
de William McCormick. Courtoisie de la Société
d'Histoire IN MEMORIAM. Gracieuseté de James B.
Prendergast. WKN. ANC PA-136280.
2 : BUM.
3 : ANC PA-129054.
4 : (En haut à gauche) ANC C-2450. (En médaillon, à
gauche) BUM. (En bas à gauche) ANC C-038723.
(En médaillon, à droite) ANC WRM 1799.
(À droite) ANC WRM 2515.
6 : (À gauche) Hulton-Deutsch Collection/C/M.
7 : (À gauche) Peter Christopher. (À droite) AKG Londres.
8 : MCG.
9 : (En haut) ANC C-029878. (Au milieu) ANC
C-014160. (En bas) ANC C-014171.
10 : (À gauche) ANC PA-136327. (À droite) QORC.
11 : (En bas) WKN.
12 : (En haut) : U.S. Army Quartermaster Museum, Fort
Lee, Virginie. (En bas à gauche) Naval Historical Center.
(En bas à droite) IWM BU 1036.
13 : (En haut à gauche) The National Archives, Surrey,
Royaume-Uni. (En haut au milieu, en haut à droite
et en médaillon) The Tank Museum. (En bas) NARA.
14 : (En haut) QORC. (En bas à droite, en haut) ANC
PA-132776. (En bas à droite, en bas) ANC
PA-129047.
15 : ANC PA-132811.
16 : (À gauche) Gracieuseté d'Eric Sykes. (À droite)
Jackson Hill/National D-Day Museum.
17 : (À gauche) Strathy Smith/ANC PA-132785.
(À droite) Gracieuseté de Jan de Vries.
18 : Gracieuseté de James B. Prendergast.
19 : (À gauche) Musée de l'aviation du Canada.
(À droite, en médaillon et en bas, à droite)
Courtoisie de la Ministère de la Défense Nationale.
20 : NARA. (En médaillon) WKN.
21 : (En haut à gauche) Bettmann/C/M. (En bas, à
gauche) ANC PA-132881. (En médaillon) ANC
PA-132794.

22 : MCG.

23 : (À gauche) Dennis Sullivan /ANC PA-132790. (À droite) IWM FLM3566. (En médaillon) Gracieuseté de Gary Pawson.

24 : (En haut) G. A. Milne/ANC PA-122765. (En bas) D-Day Museum.

25 : (En haut) QORC. (En bas) MCG.

26 : (À gauche) Frank L. Dubervill/ANC PA-136280. (À droite) Gracieuseté de William McCormick.

27 : (En haut à gauche) ANC PA-36697. (En haut à droite) Musée des sciences et de la technologie du Canada, photo de Helen Graves-Smith. (En bas) Frank L. Dubervill/ANC PA-132384.

28 : (En haut) QORC. (En bas à gauche) ANC PA-141703. (En bas au milieu) ANC PA-132725. (En bas à droite) ANC PA-131386.

29 : Ken Bell/ANC PA-132724.

30 : ANC PA-132846. (En médaillon en haut) ANC PA-132885. (En médaillon en bas) ANC PA-129039.

31 : (En haut à droite) ANC PA-132801. (En bas à droite) Ullstein Bilderdienst.

32 : ANC PA-131401.

33 : (En haut) ANC PA-114495. (Au milieu) WKN. (En bas) ANC PA-132872.

34 : Harold G. Aikman /ANC PA-108174.

35 : (À gauche) Ken Bell/ANC PA-129031. (En haut à droite) Ken Bell/ANC PA-131427. (En bas à droite) ANC PA-131389.

36 : (À gauche) Ken Bell/ANC PA-116545. (En médaillon) IWM CL347. (En haut à droite) Ken Bell/ANC PA-116516. (En bas à droite) MCG.

37 : Hulton Deutsch Collection/C/M. (En médaillon) IWM B6799.

38 : (À gauche) ANC PA-132852. (En haut à droite) Gracieuseté du capitaine Andrew Kerr. (En bas à droite) ANC PA-116525.

39 : (En bas à droite) ANC PA-137537.

40 : Ken Bell/ANC PA-131375.

41 : (En haut à gauche) Donald I. Grant/ANC PA-111565. (En médaillon) Gracieuseté de David Handley. (En bas à droite) Second World War Experience Centre.

42 : (À gauche) Bibliothèque publique de Toronto. (À droite) ANC PA-114626.

43 : (À droite) Archives de l'Université York. (En médaillon) ANC PA-131323.

44 : Peter Christopher.

45 : (À gauche) Légion royale canadienne. (À droite) Adjudant Jean Blouin, MDN-FC.

CRÉDITS CITATIONS

Ken Bell, William Beackley, *Canada Remembers: Part One, Turning the Tide: 1939 to D-Day*, Office national du film du Canada, 1995.

Wilfred Bennett, *Voices of D-Day: The Story of the Allied Invasion Told by Those Who Were There*, édité par Ronald J. Drez, Louisiana State University Press, 1994.

Cliff Bowering, *Legion Magazine*, extrait de *A Terrible Beauty: The Art of Canada at War*, édité par Heather Robertson, James Lorimer & Co., 1977.

M. Brimble, *Some Letters and Other Writings of Donald Albert Duncan*, Imperial Publishing, 1954.

Michel Gauvin, Nora Cook, *Canada Remembers: Part Two, The Liberators: D-Day to The Rhine*, Office national du film du Canada, 1995.

Lucien Dumais, *The Man Who Went Back*, Leo Cooper, 1975.

Jean Ellis, *Face Powder and Gun Powder*, S.J.R. Saunders, 1947.

Matthew Halton, *The Canadians at War: 1935/45, vol 2*. Reader's Digest Association, 1969.

Gerhard Käppner, gracieuseté du Second World War Experience Centre.

Angus Kearns, *The Canadians at War:1935/45, vol. 2*. Reader's Digest Association, 1969.

George Lynch-Staunton, *D-Day Plus Fifty*, CBC, 1994.

Donald Pearce, *Journal of a War*, Macmillan, 1965.

Frank Ryan, *D-Day Plus Fifty*, CBC, 1994.

Laurence Symes, Phonothèque du Imperial War Museum (13952/5, 1994).

Arthur Wildman, Phonothèque du Imperial War Museum (9139/1 et 3, 1985).

Un grand merci à Roger Charbonneau, Rolph Jackson, William K. Newell, Jim Prendergast et Jim Wilkins pour nous avoir fait partager leurs souvenirs.

Nous avons fait tout en notre pouvoir pour obtenir la permission d'utiliser les photographies reproduites dans ce livre et pour leur accorder le crédit qui leur revient. Toute information supplémentaire qui nous sera signalée à leur sujet sera ajoutée aux éditions subséquentes.

À PROPOS DES AUTEURS

Hugh Brewster a remporté les prix Silver Birch et Red Cedar, en 1998, pour son livre : *Anastasia's Album: The Last Tsar's Youngest Daughter Tells Her Own Story*. Il est également l'auteur de *Au cœur du Titanic* et le coauteur de *Tout ce que vous avez toujours voulu savoir sur le Titanic… en 882 1/2 réponses*, ainsi que de *To Be A Princess*.

J.L. Granatstein a écrit plus de trente ouvrages sur l'histoire du Canada, dont *Bloody Victory: Canadians and the D-Day Campaign, The Good Fight: Canadians and World War II* et *Canada's Army: Waging War and Keeping the Peace*.

REMERCIEMENTS

L'auteur et Madison Press Books aimeraient remercier J.L. Granatstein pour son introduction éloquente et ses conseils d'expert. Nos remerciements vont également à Dominic Farrell pour la recherche photographique, à Cathy Fraccaro, Ian Coutts et Dan Black de la Légion royale canadienne, ainsi qu'à Sandy Bogart Johnston et Solange Champagne-Cowle de Scholastic Canada. Nous adressons des remerciements tout particuliers aux vétérans et à leurs familles qui ont bien voulu nous faire partager leurs photos et leurs souvenirs.

Copyright © J.L. Granatstein, 2004, pour l'introduction.
Copyright © The Madison Press Limited, 2004, pour le texte, la couverture, la conception et la compilation.
Copyright © Éditions Scholastic, 2004, pour le texte français.

Tous droits réservés. Il est interdit de reproduire, d'enregistrer ou de diffuser, en tout ou en partie, le présent ouvrage par quelque procédé que ce soit, électronique, mécanique, photographique, sonore, magnétique ou autre, sans la permission écrite du détenteur des droits d'auteur, sauf s'il s'agit de courts extraits cités par un critique littéraire dans un journal ou une revue.

Catalogage avant publication de la Bibliothèque nationale du Canada

Brewster, Hugh
Le débarquement à Juno : des héros du jour J / Hugh Brewster ;
introduction, J.L. Granatstein ; texte français de Claudine Azoulay.

"Éditions Scholastic/Madison Press Book".
Traduction de: On Juno Beach.
ISBN 0-439-96729-5

1. Guerre mondiale, 1939-1945–Campagnes et batailles–France–Normandie–Ouvrages pour la jeunesse. 2. Canada. Armée canadienne–Histoire–Guerre mondiale, 1939-1945–Ouvrages pour la jeunesse. I. Azoulay, Claudine II. Titre.

D756.5.N6B7414 2004   j940.54'21422
                                       C2003-906318-6
        ISBN-13: 978-0-439-96729-7

Directeur de la rédaction : Hugh Brewster
Adjointe au directeur de la rédaction : Wanda Nowakowska
Adjointe à la rédaction : Imoinda Romain
Directeur artistique : Gordon Sibley
Conceptrice graphique : Jennifer Lum
Directrice de production : Susan Barrable
Coordinatrice de production : Sandra L. Hall
Impression et reliure : Tien Wah Press

Le débarquement à Juno
est une production de Madison Press Books, qui est sous la direction de Albert E. Cummings.

Édition publiée par
les Éditions Scholastic
604, rue King Ouest, Toronto (Ontario)
M5V 1E1

6 5 4 3 2   Imprimé à Singapour   07 08 09 10 11